INAUGURATION

DU

MUSÉE SCHŒLCHER

A LA POINTE-A-PITRE.

BASSE-TERRE

IMPRIMERIE DU GOUVERNEMENT

1887.

INAUGURATION

DU

MUSÉE SCHŒLCHER

A LA POINTE-A-PITRE.

BASSE-TERRE
IMPRIMERIE DU GOUVERNEMENT

1887

INAUGURATION

DU MUSÉE SCHŒLCHER

A LA POINTE-A-PITRE.

Le Gouverneur a quitté la Basse-Terre le 21 juillet pour se rendre à la Pointe-à-Pitre où devait avoir lieu dans l'après-midi l'inauguration du Musée Schœlcher. Le Chef de la colonie était accompagné de M. le Directeur de l'intérieur, de M. le commandant d'artillerie, du chef du sécrétariat du Gouvernement et de M. le lieutenant de Salins détaché à l'état-major.

En débarquant à la Pointe-à-Pitre, le Gouverneur trouve la ville toute pavoisée, tout en fête, se préparant à célébrer le 83e anniversaire du grand citoyen Schœlcher.

A quatre heures, les cortéges commencent à arriver à l'hôtel du Gouvernement pour accompagner le Chef de la colonie au grâcieux monument où se trouvent réunies les œuvres d'art que la colonie doit à la générosité de celui dont, par deux fois, elle a reconnu la sollicitude en l'appelant à la représenter au Parlement. Ce sont d'abord les dames de la halle, en ravissantes toilettes, bannière en tête. Puis viennent la municipalité, les Conseillers généraux de la région et tous les officiers et fonctionnaires de la ville. Une foule énorme se presse aux abords de l'hôtel.

Au moment où le Gouverneur s'apprête à partir, la présidente de l'association des dames de la halle, Mlle Rose Olière, s'approche de lui et prononce l'allocution suivante :

« Monsieur le Gouverneur,

« Je suis heureuse de profiter de l'anniversaire de la fête du grand abolitionniste Victor Schœlcher, pour venir vous remercier au nom de la société des marchandes, que j'ai l'honneur de représenter, de cette marque de bienveillance et de sympathie dont vous avez bien voulu nous honorer, en nous envoyant une bannière : Symbole d'encouragement.

« Nous vous remercions toutes ; et nous vous prions de recevoir notre reconnaissance et notre amitié.

« Recevez, Monsieur le Gouverneur, ce bouquet, que nous vous prions d'offrir au grand homme à l'occasion de sa fête. C'est tout ce que nous pouvons lui offrir avec notre reconnaissance, mais avec prière que cela soit par vous, qui nous avez procuré l'honneur d'être admises à porter nos hommages au grand défenseur des faibles et des opprimés. »

Le Chef de la colonie remercie les dames de la halle de leur manifestation en l'honneur du vénérable Schœlcher, « dont le « nom seul doit être acclamé avec celui de la République, en ce « jour d'allégresse populaire. »

Le cortége, escorté par la compagnie des sapeurs-pompiers et par les douaniers, se met ensuite en marche au milieu d'un concours immense de population.

A son arrivée à la porte du Musée, le Gouverneur est salué par la corporation des dames des ouvriers des professions maritimes dans les termes suivants :

« Monsieur le Gouverneur,

« Les membres de la société des Calfats sont heureux de témoigner leurs sentiments de respect au premier personnage de la colonie. En effet, Monsieur le Gouverneur, depuis notre bien-aimé et regretté Frébault, nous n'avons pas eu encore le bonheur de rencontrer un Chef aussi libéral, aussi méritant et aussi distingué que vous ; mais puisque nous jouissons aujourd'hui de ce bonheur, tant désiré, veuillez, Monsieur le Gouverneur, recevoir ce bouquet comme gage de notre grande marque de satisfaction et de sympathie. »

Après cette touchante manifestation, le Chef de la colonie, précédé de MM. Guilliod, Justin Marie, Dufond, membres de la commission de surveillance du Musée, qui étaient venus au devant de lui, pénètre dans l'intérieur du Musée où les discours suivants sont prononcés, entrecoupés par des airs patriotiques qu'exécute la fanfare municipale — *Marseillaise, Chant du départ, Chant des Girondins.*

DISCOURS DE M. GUILLIOD.

« Monsieur le Gouverneur,

« J'ai le bonheur particulier d'être chargé de vous accueillir dans ce petit momument, que nous allons inaugurer sous votre présidence.

« Permettez-moi, tout d'abord, Monsieur le Gouverneur, en mon nom et au nom de la grande majorité républicaine de ce pays, au nom de mes collègues de la commission de surveillance

du Musée, de vous remercier publiquement de la haute marque
de sollicitude et de sympathie que vous nous donnez en venant
présider une cérémonie qui nous eût semblé froide sans votre
concours. La collection d'objets d'art que nous devons à
l'illustre et vénéré maître Schœlcher, acquiert plus de prix
encore sous le patronage du Chef de la colonie, qui a bien
voulu aussi accepter de présider le banquet commémoratif qui
va, dans quelques heures, nous réunir.

« Le pays, qui entrevoit, à travers les actes qui recommandent
votre administration, dès son début, toute la sollicitude que
vous avez pour son bonheur et sa prospérité, le pays vous
sera reconnaissant d'honorer par votre présence, l'ouverture
au public des portes du Musée Schœlcher. Notre Musée, modeste
encore, mais dont le développement ne se fera pas attendre
sous la double sollicitude de l'administration et du généreux
donateur, qui veille là-bas, sur ses destinées, notre Musée, que
nous voyons déjà insuffisant dans ses proportions actuelles, sera,
nous en avons l'espérance, bientôt agrandi. La représentation
du pays, dont quelques membres sont ici présents, ne faillira
pas à la tâche qui lui est imposée, de voter des fonds pour
lui donner l'importance qu'il comporte. Son avenir est donc
assuré. Les conditions par lesquelles il débute, sont, ainsi que
le marque la création trop exiguë de ce bâtiment, le résultat
de la crise qui sévit dans le pays. C'est elle, en effet, qui n'a
pas permis un plus grand effort. Nous aimons à l'attendre de
circonstances plus heureuses, nous aimons à l'espérer de
l'agrandissement et de la franchise du port de la Pointe-à-Pitre,
œuvre à laquelle, Monsieur le Gouverneur, vous vous êtes
dévoué avec nous, dès votre arrivée dans la colonie. L'affluence
d'une population plus considérable, d'une population d'étrangers
surtout, assurera plus de visiteurs encore au Musée Schœlcher.

« C'est en 1883, le 30 septembre, que notre vénérable maître
Schœlcher, par une lettre adressée au président du conseil
général, annonce à la colonie le don généreux des objets d'art
qu'il avait réunis.

« Je transcris cette lettre pour que le public sache que toute
l'initiative de la formation du Musée est due à M. Schœlcher.
Voici cette lettre :

« Monsieur le Président,

« J'ai l'honneur d'offrir à la Guadeloupe une collection
« de sculptures que j'ai formée peu à peu depuis de longues
« années; elle consiste en bas-reliefs, statuettes, bustes, masques,
« figurines, médaillons et médailles, en plâtre, marbre, porce-
« laine, faïence, terra cotta et cire.

« Cet assemblage d'objets d'art, sans être très considérable,
« l'est assez pour former le commencement d'un petit Musée qui
« serait, je crois, d'un certain avantage pour la Guadeloupe.
« Plus tard, à ma mort, ce qui ne sera pas bien long, viendront
« cent cinquante à deux cent bronzes, tous, reproductions des
« chefs-d'œuvre de la sculpture antique, et de celle de la Re-
« naissance, comprenant particulièrement les merveilles de notre
« magnifique École française.

« J'ose espérer que le conseil général acceptera ce don
« comme un témoignage de mon vieil attachement à la Guade-
« loupe et de ma gratitude envers sa bienveillante population qui
« m'a fait l'honneur de m'élire deux fois représentant du peuple.

« Permettez-moi, Monsieur le Président, d'exprimer le vœu
« qu'il soit fait de cette collection une sorte de petit Musée public,
« journellement ouvert, et veuillez agréer, pour vous personnelle-
« ment et pour Messieurs vos collègues, l'assurance ce ma haute
« considération.

« V. Schœlcher. »

« Ce don a été accepté par la commission coloniale dans sa
séance du 11 octobre 1884, et la résolution de la commission
a été ratifiée par le conseil général de la Guadeloupe, dans sa
séance du 30 novembre suivant.

« Je ferai la reproduction de tous les efforts faits depuis
par l'illustre sénateur pour enrichir le Musée naissant de la
Guadeloupe, et je reproduirai, entr'autres, la lettre qu'il écrivait
le 15 juillet 1885 à M. le Gouverneur.

« *Monsieur Coridon, Gouverneur p. i. de la Guadeloupe.*

« Monsieur le Gouverneur,

« « Par une des lettres, dont j'ai l'honneur de vous envoyer
« copie, vous verrez que j'ai obtenu de l'honorable M. Goblet,
« ministre des beaux-arts, pour le Musée de la Guadeloupe, un
« nombre assez important de produits de la manufacture na-
« tionale de Sèvres, dont le détail est ci-joint. Le ministère de la
« marine et des colonies veut bien se charger de vous faire passer
« deux caisses contenant ces superbes spécimens de notre art
« céramique.

« J'avais obtenu aussi pour la Guadeloupe, de la libéralité
« de l'honorable M. Fallières, prédécesseur de M. Goblet, quel-
« ques-uns des moulages en plâtre des plus beaux modèles du
« Louvre. Vous en trouverez la liste également ci-incluse.

« Grâce encore à l'obligeance du Département, ils seront
« embarqués sur un transport de l'État qui partira prochainement.

« Je crois utile, Monsieur le Gouverneur, de vous donner
« avis d'avance de ces dons de l'État, afin que M. le directeur
« du Musée puisse préparer la place nécessaire à l'installation
« de ces grands ouvrages de la statuaire antique et moderne
« que la Guadeloupe va posséder.

« Par une autre lettre du Sous-Secrétaire d'État, M. Turquet,
« vous verrez avec satisfaction que votre Musée sera compris
« dans une prochaine répartition de tableaux, et recevra, en
« outre, une collection des estampes de l'admirable chalcographie
« du Louvre.

« Je suis heureux de contribuer de la sorte, pour une
« faible part, à enrichir le Musée naissant de la Guadeloupe, qui
« entretiendra le goût artistique des habitants de votre précieuse
« colonie, et qui deviendra, nous pouvons l'espérer, un lieu
« de pélerinage pour tous les amis des beaux-arts aux Antilles.

« Veuillez agréer, Monsieur le Gouverneur, mes salutations
« distinguées.

« V. Schoelcher. »

« Vous voyez donc, Monsieur le Gouverneur, et le public de
la Guadeloupe le verra comme vous, combien est profonde la
sollicitude inépuisable de notre ancien représentant pour
l'éducation artistique du pays. Nous serions restés étrangers à
des merveilles qui passionnent dans d'autres hémisphères, si
le grand abolitionniste n'avait songé à ces populations intéres-
santes qu'il a appelées, dans un suprême effort, à la vie civile,
à la vie de citoyen...

« Pour ma part, je dois le dire, leur reconnaissance doit
être sans borne, immense, et c'est le mot que je place en
finissant, Monsieur le Gouverneur, dans cette simple allocution,
dont je vous prie de ne retenir que le sentiment vrai qui l'a
dicté.

  « *Vive la République !*
  « *Vive Schœlcher !*
  « *Vive le Gouverneur !* »

DISCOURS DU GOUVERNEUR.

« Messieurs,

« Il y a huit jours, nous fêtions la République ; aujourd'hui,
nous fêtons l'un de ses plus zélés, de ses plus constants
serviteurs, le vénérable Schœlcher.

« Les administrateurs de la colonie sont heureux et fiers
d'avoir été invités à s'associer à la manifestation populaire,
organisée à l'occasion du 83ᵉ anniversaire du grand abolitionniste,

car, ainsi que je l'écrivais il y a quelques jours au Comité, cette invitation est une nouvelle preuve du lien sympathique qui les unit à la démocratie guadeloupéenne.

« Quel nom, mieux que celui de Schœlcher, mérite de soulever ces élans d'enthousiaste reconnaissance de la part de nos excellentes populations coloniales qui, passionnées pour la liberté dont le grand citoyen a été toute sa vie l'apôtre, réprouvent la sèche indépendance du cœur?

« Schœlcher a essayé de se confondre dans le rang des patriotes qui ont contribué à purger le territoire français de la souillure de l'esclavage, au lieu de convenir de la prédominence du rôle qu'il a joué en 1848, dans la préparation de ce grand acte de réparation et de justice.

« C'est ainsi qu'en mars 1878, présidant une conférence sur l'abolition de l'esclavage aux États-Unis, il disait...

Je m'interromps pour demander à l'auditoire la permission de citer, au cours de cette allocution, quelques passages saillants des publications de M. Schœlcher. J'ai pensé que c'était un pieux hommage à lui rendre que de lui montrer que nous nous sommes préparés à célébrer son anniversaire en relisant ces pages pleines de sagesse, dont on médirait moins si on les connaissait mieux.

« Il disait donc en 1878 : « Mon rôle est plus modeste que « celui que sa bienveillance (en parlant de M. Marais, le confé- « rencier) m'a prêté ; j'ai pris rang seulement dans la noble « phalange où brillaient le grand Arago, Ledru Rollin, Louis « Blanc, Lamartine, les deux Gasparin, Lasteyrie, Rémusat, « Roger du Loiret, Jules Simon, Perrinon, Isambert, Gatine, « Crémieux, Dutrône et tant d'autres qui furent toujours les « défenseurs de la race opprimée. Républicain de vieille date, « ma bonne fortune a voulu que je pusse, lorsqu'advint la « République de 1848, faire la récolte de ce qu'ils avaient « ensemencé. »

« Mais le vénérable Schœlcher aura beau faire : c'est l'histoire qui a gravé son nom en relief à côté de celui de Wilberforce ; c'est elle qui veillera à ce que l'inscription soit respectée.

« Certes, ainsi qu'il le dit dans son rapport, le principe de l'affranchissement n'était point à discuter; il était intimement lié au principe même de la République; il se posait, et la République eût douté d'elle-même si elle avait pu un instant hésiter à supprimer l'esclavage. Mais, pour être distingué du premier coup par François Arago comme étant l'ouvrier tout désigné de cette révolution sociale, aux colonies, ne fallait-il pas s'être montré digne de cet honneur par un zèle exceptionnel pour la grande cause que la généreuse République prenait en mains, aussitôt après son avènement. Je n'ai la prétention de rien vous apprendre, Messieurs, en vous rappelant qu'à l'âge où beaucoup de jeunes gens s'attardent encore aux frivolités, Schœlcher s'était fait une noble spécialité de la question de l'esclavage. Partout où s'étalait cette plaie qui, Dieu merci ! va chaque jour se rétrécissant, il eut le courage d'aller en sonder les hideuses profondeurs, afin d'être mieux prêt à la combattre, et c'est au retour d'un voyage au pays classique de l'esclavage qu'il trouva la République établie en France, et que François Arago fit appel à sa collaboration.

« Schœlcher et la commission qu'il présidait ne perdirent pas de temps, car, le 25 avril, paraissait le décret d'abolition. Dans l'un des banquets annuels qui, à Paris, célèbrent ce grand anniversaire, il se félicite de ne pas avoir donné un jour de plus à vivre à l'institution maudite. Et il a bien raison, car, outre que « la République ne pouvait accepter aucune « sorte de transaction avec l'impérieux devoir » de l'émancipation, sait-on ce qui serait advenu, si la commission eût admis des dispositions transitoires, après l'attentat qui trouva Schœlcher debout sur la barricade Saint-Antoine, à côté de Baudin.

« Pour être immédiate, l'émancipation n'en fut pas moins préparée avec la plus sage prévoyance.

« Il ne s'agissait pas seulement », écrit Schœlcher dans le rapport au Ministre de la marine et des colonies, « de pro-« clamer l'affranchissement : deux mots auraient suffi : Soyez « libres ! il fallait prévoir toutes les conséquences de ce grand « acte, afin d'en étendre le bien, afin d'en prévenir le mal, si « quelque influence funeste pouvait en compromettre les « résultats. »

« Et, en effet, au maître-décret, qui purifiait les colonies de la servitude, faisaient cortége ces documents législatifs qui pourvoyaient au sort des vieillards, des infirmes et des orphelins ; qui instituaient les caisses d'épargne, les jurys cantonaux pour le règlement des contestations relatives au travail ; qui créaient et organisaient « le refuge libre de l'homme qui vient chercher « du travail, en même temps que le séjour forcé de l'homme « qui n'en a pas voulu » ; qui consacraient, chaque année, un jour à la célébration de ces fêtes du travail, dont vous serez heureux d'annoncer la reprise au vénérable Schœlcher en même temps que vous lui direz avec quelle piété la Guadeloupe a fêté son anniversaire.

« La sollicitude de la commission que présidait Schœlcher s'était aussi particulièrement arrêtée sur l'école : « il faut ré-

» primer le mal », lit-on dans son rapport, « mais il vaut mieux
« encore le prévenir, et c'est aux générations nouvelles
« surtout qu'il importe d'inspirer de bonne heure cette juste
« notion du droit et du devoir, où réside la force des sociétés.
« C'est pourquoi la commission joint aux décrets qu'elle vous
« propose un projet sur l'instruction publique. »

« C'est ce souci de la culture intellectuelle des jeunes générations de la Guadeloupe qui a inspiré à notre vénérable
Schœlcher la généreuse idée d'offrir à la colonie la collection
d'œuvres d'art réunie dans ce musée, dont l'inauguration ne
pouvait avoir lieu à une date plus propice.

« Le comité de surveillance peut se rassurer : quand le
moment sera venu de trouver place pour le complément de la
collection — que ce soit le plus tard possible, comme vous l'avez
bien dit, Monsieur le Président — la colonie tiendra à honneur
d'aviser de la manière la plus convenable.

« La contemplation de ces chefs-d'œuvre, sûrement choisis
par l'ami des arts dont est doublé le patriote, et que nous a
révélé la délicieuse étude de M. Legouvé, ne manquera pas
d'exercer la plus heureuse influence sur le goût de nos jeunes
compatriotes.

« Je voudrais que quelque vocation artistique s'éveillât à cette
contemplation, et que cette éclosion donnât une nouvelle joie à
la verte vieillesse de Schœlcher.

« Je dis une nouvelle joie, car il aura eu le bonheur, avant
d'aller partager avec son ami, le grand Victor Hugo, cette
immortalité que Legouvé lui avait prédite après la signature
du décret d'abolition, de voir son œuvre en pleine virilité.

« Il s'en félicitait, en 1880, dans des termes que je tiens à
rappeler ici :

« Quel admirable changement, s'écriait-il, « s'est opéré aux
« colonies depuis cette révolution si pleine d'humanité qui nous
« a rendu la République, et dont 30 années à peine nous
« séparent ! Quel pas de géant a fait la classe émancipée dans
« ce court espace de temps ! Quel immense progrès moral et
« matériel elle a accompli ! Dès le premier moment qu'elle a eu
« en main le livre de la liberté, elle a su bien y lire. Chaque
« jour, elle s'élève davantage par le travail, l'instruction et
« l'épargne ; chaque jour, elle fournit ce témoignage consolant
« qu'à éducation égale, toutes les races humaines sont égales !
« Les deux classes étant indispensables l'une à l'autre,
« destinées l'une et l'autre à vivre côte à côte, à se pénétrer
« progressivement, tout ce qui sert à les diviser est aussi funeste
« à l'une qu'à l'autre ! »

« Dieu merci, Messieurs, le nombre de ceux qui en sont encore à classer les hommes, aux colonies, autrement que par leur mérite, tend tous les jours à diminuer : Schœlcher doit s'en rendre compte avec bonheur, et quelle félicité sera la sienne le jour très prochain où il verra accorder à ce qu'il appelle depuis longtemps les *départements d'outre-mer*, cette assimilation, dont il a dit :

« L'assimilation législative, judiciaire, administrative et mili-
« taire des colonies à la métropole a un avantage considérable :
« c'est qu'en rapprochant les diverses classes de leur population,
« en les mettant en contact perpétuel, elle amène naturellement,
« sans contrainte, par la seule force des choses, la destruction
« du préjugé de couleur, de ce dernier vestige de l'esclavage. »

« Messieurs, nous devons, tous, reconnaissance à Schœlcher, le soldat infatigable de la démocratie ; nous lui devons, tous, reconnaissance pour le grand acte auquel il a attaché son nom, car toute la société coloniale souffrait du mal dont il l'a purgée.

« Il faut que notre reconnaissance soit active ; prenons donc l'engagement de faire sans relâche la guerre aux derniers vestiges des préjugés que Schœlcher a vaillamment combattus pendant toute sa vie.

« Travaillons pour que son rêve — de voir tous les membres de la « société coloniale mettre en commun leur activité, leurs « forces intellectuelles pour développer la prospérité de la « Guadeloupe sous la bienfaisante influence des idées d'estime réciproque et de fusion sociale » — pour que ce rêve devienne, au plus tôt, une réalité.

« Messieurs, il m'est doux de vous inviter à vous joindre à moi pour confondre dans une même acclamation la République et son serviteur fidèle !

« *Vive la République !*
« *Vive Schœlcher !* »

DISCOURS DE M. Justin MARIE.

« Messieurs,

« Je ne retiendrai pas longtemps votre attention. Mais en ma qualité de membre du comité de surveillance du Musée, et aussi en considération des relations sans nuage que j'ai l'honneur d'entretenir depuis plus de quinze ans avec le vétéran de la démocratie, l'homme de bien, à la générosité duquel nous devons le Musée aujourd'hui inauguré, vous me permettrez de vous exprimer quelques-uns des sentiments que fait naître en moi la belle cérémonie à laquelle nous assistons.

« Mais, avant toutes choses, je dois remercier M. le Gouverneur, le représentant respecté du Chef de l'État, et notre sympathique Directeur de l'intérieur, d'avoir bien voulu rehausser, par leur présence, l'éclat de cette solennité.

« Oui, Monsieur le Gouverneur, et vous aussi, Monsieur le Directeur de l'intérieur, souffrez que je vous le dise : votre présence parmi nous en ce moment, et ce soir, au banquet que nous donnons pour célébrer le 83e anniversaire de Victor Schœlcher n'établit point seulement l'union de votre administration avec l'immense majorité de la population guadeloupéenne — cela, nulle personne de bonne foi dans la colonie ne l'ignore — et le vote unanime de confiance que le conseil général vous décernait récemment à sa session extraordinaire en est la manifestation éclatante ; elle prouve également votre courage civique et le chemin parcouru par la démocratie de notre pays dans la voie du progrès.

« Trop longtemps, beaucoup de ceux-là mêmes qui devaient tout à Schœlcher, se drapant dans je ne sais quelle dignité de fonctions, semblaient prendre un soin tout particulier à ne point prononcer le nom de ce vaillant athlète, de ce lutteur infatigable, de ce ferme et désintéressé citoyen, un de ceux qui ont le plus contribué à fonder le Gouvernement républicain.

« Aujourd'hui, grâce à vous, Monsieur le Gouverneur, le charme est rompu, et, pour qui connaît la puissance de la routine, ce ne sera pas un de vos moindres mérites que d'avoir quitté les sentiers battus, et d'avoir compris que, représentant du Gouvernement républicain, vous ne pouvez que vous honorer en honorant un des plus illustres et des plus dignes parmi les républicains.

« Messieurs, il y a quatre ans, que, par une lettre d'une simplicité antique, de cette noble simplicité qui est le privilége et le caractéristique de la vraie grandeur, M. Victor Schœlcher fit don à la Guadeloupe de sa magnifique collection de sculpture : bronze, cire, plâtre, porcelaine, il léguait tout à notre cher pays ; mais, par un sentiment de délicatesse et de modestie rare, lui, à qui la Guadeloupe doit tant, qui, depuis 1848, témoigne à notre colonie de ses sentiments de prédilection, il parle de sa gratitude envers nous ! Il faut le citer :

« J'ose espérer, dit notre éminent bienfaiteur, que le conseil
« général acceptera ce don comme un témoignage de mon vieil
« attachement à la Guadeloupe et de ma gratitude envers sa
« bienveillante population qui m'a fait l'honneur de m'élire deux
« fois représentant du peuple. »

« Mais, Messieurs, Victor Schœlcher ne s'est point contenté de nous donner sa collection ; depuis lors il a continué à enrichir notre Musée à peine naissant. Grâce à d'incessantes démarches, il a successivement obtenu des divers ministres des beaux arts un certain nombre d'objets précieux provenant de notre manufacture nationale de Sèvres; des moulages en plâtre de quelques-uns de nos plus beaux modèles du Louvre; et enfin, grâce à Schœlcher encore, l'honorable M. Turquet, aujourd'hui rapporteur du budget colonial, a bien voulu comprendre notre Musée dans la répartition des tableaux, lui accorder une collection des estampes, des gravures sur cuivre du Louvre.

« Ceux-là seuls qui connaissent la collection de sculpture de l'éminent sénateur peuvent apprécier la magnificence du don fait à la colonie. Il n'est pas téméraire de penser que la Guadeloupe n'est pas moins bien partagée que le Conservatoire de Paris qui a reçu les chefs-d'œuvre de Hœndel, que l'école des beaux arts à qui sont échus les neuf mille gravures de notre vénéré maître, et que la Martinique à qui il a fait don de sa bibliothèque, composée de dix mille ouvrages! Ce qui le prouve, c'est qu'après s'être dépouillé irrévocablement et de sa musique et de ses gravures et de ses livres, et nous avoir envoyé dès maintenant ses plâtres (bustes et bas-reliefs), ses cires, ses terres cuites, ses porcelaines qui nous permettent de prétendre déjà que notre pays possède le plus joli Musée de l'Amérique du Sud, notre bienfaiteur dans cette touchante lettre que j'ai déjà citée et dans une autre qui a été aussi publiée, déclare qu'il n'a pas le courage de se séparer de ses bronzes. Plus tard, dit-il, à ma mort, — ce qui ne sera pas long — vous les aurez.

Ah! Messieurs, adressons nos plus vifs remerciements pour sa générosité, au grand philanthrope dont la sollicitude prévoyante, après nous avoir autrefois délivré de la servitude, veut après sa mort que nous soyons un jour tous unis, mais de cette union intime des âmes qu'inspire chez tous la contemplation du beau. Remercions-le de nous avoir procuré dès à présent et de procurer à nos enfants, à tous ceux qui viendront en pélérinage dans ce beau Musée, cette douce émotion, ce bonheur sans mélange que nous éprouvons aussi bien à la vue des chefs-d'œuvre de l'homme qu'à celles des beautés de la nature. Oui remercions Schœlcher; mais surtout unissez-vous à moi dans les vœux que je forme pour que le malheur dont il nous menace soit longtemps écarté de nous, et pour que le créateur du Musée Schœlcher vive longtemps encore pour le bonheur de la Guadeloupe et de l'humanité entière.

> « *Vive la République!*
>
> « *Vive Schœlcher!* »

DISCOURS DE M. LEGER.

« Monsieur le Gouverneur,
« Messieurs,

« La municipalité de la Pointe-à-Pitre est heureuse de remettre aujourd'hui, d'une manière officielle, à la commission de surveillance du Musée Schœlcher, la jouissance du terrain sur lequel s'élève le monument que vous inaugurez.

« Il y a bientôt quatre ans que notre assemblée communale, au mois de novembre 1883, a voté cette concession, à l'unanimité de ses membres présents ; et depuis cette époque elle a gardé avec un soin jaloux, dans une des salles de la mairie, les objets d'art et les œuvres de maître qui vont faire l'ornement de ce Musée. Tel était même l'enthousiasme de cette assemblée, si grand était son désir de conserver à la Pointe-à-Pitre ces précieuses collections, que précédemment, et alors que la colonie n'avait point encore décidé l'érection de ce monument, le conseil municipal, acclamant le don généreux fait à la Guadeloupe par M. Schœlcher et voulant l'honorer dignement, avait déjà désigné le grand salon de l'Hôtel-de-Ville pour servir de Musée.

« La personnalité de M. Schœlcher n'est plus à retracer, surtout devant un auditoire comme celui-ci. Son nom est inscrit dans toutes les mémoires, en tête de toutes les œuvres que vous entreprenez ; il est acclamé dans toutes vos fêtes et dans toutes vos réunions, à côté de celui de la République. Il me siérait mal d'en parler encore, après l'éclatant hommage qui lui a été rendu dans les discours que vous venez d'entendre.

« Je n'insisterai que sur la haute libéralité qui a permis la fondation que nous inaugurons, sur la noble et touchante pensée à laquelle nous devons les richesses d'art qui vont composer ce Musée, devenu un des plus beaux ornements de notre ville.

« Je m'imagine que M. Schœlcher ne s'est point séparé de ses œuvres d'art sans un serrement de cœur, qui double le prix de sa libéralité. Un homme aussi fin connaisseur, aussi profondément amateur que lui, en commerce continuel avec ces riches collections, s'en sépare difficilement. Ce n'est pas, en effet, en un jour que se forme une collection d'art. Il y a une jouissance, un raffinement de gourmet à la composer lentement, à prendre son temps, pour bien savourer ce que l'on a déjà, et pour mieux choisir ; les voyages, l'occasion, le hasard font le reste. Chacun des objets ainsi rassemblés de lieux divers, réunis à grand peine et à grands frais, rappelle tantôt un doux souvenir, un paysage ou un profil entrevus, tantôt un désir et une joie assouvies. Ce sont des amis, d'anciennes connaissances, que l'œil a souvent caressés, et dont la perte est regrettée comme celle d'êtres vivants et chers.

« M. Schœlcher s'est volontairement imposé ce sacrifice de collectionneur, cette douleur de la séparation, en faveur des deux colonies qu'il a le plus aimées. La Martinique a eu la belle bibliothèque du savant, ses livres rares et sa musique. La Guadeloupe a pour lot les œuvres des maîtres de la céramique, de la sculpture, du modelé et du dessin. Dans cette sorte de partage d'ascendant, fait de son vivant par M. Schœlcher, la Guadeloupe me semble n'être pas la moins favorisée. La possession de cette collection artistique l'a amenée à construire un Musée, qui s'enrichira encore des envois que nous obtiendrons certainement de l'appui de nos représentants; et ce Musée, constamment visité, éveillera dans l'âme des jeunes générations et entretiendra l'amour du beau, l'élan vers l'idéal, qui produit les jouissances intimes et ouvre la voie des œuvres fécondes.

« Ceux qui n'ont pu voyager, pour qui nos Musées nationaux et ceux de l'étranger sont lettre close, pourront ici contempler les copies fidèles et les reproductions des chefs-d'œuvre que l'admiration du monde a depuis longtemps acclamés. Dans ces salles, relativement restreintes, on peut dès maintenant, comme au Louvre, admirer dans la nudité classique et la pureté de leurs formes, la Vénus de Milo, la Vénus de Médicis, la Diane de Houdon, à côté des bustes antiques et modernes, des bas-reliefs de Jean Goujon, des chefs-d'œuvre de notre manufacture de Sèvres, vases, coupes, tasses, émaux et camaïeux. La belle collection d'estampes qui couvrira les murs du premier étage, popularisera en les reproduisant les meilleures œuvres de Rosalba, du Titien, de Hobbéma, de Van Dyck et de Rubens. Tandis que dans des vitrines sont précieusement gardées et exposées ces gracieuses et fragiles figurines de cire que M. Schœlcher aimait tant, et qu'il avait collectionnées lui-même : Cires de Palerme et du Mexique, terres cuites espagnoles et napolitaines, œuvres de tous les pays, vases étrusques, masque de momie d'Égypte, boule chinoise ciselée à jour et brodée comme une dentelle, tout cela rassemblé, réuni, avec un goût exquis.

« Ne vous semble-t-il pas, Messieurs, que cet éclectisme cosmopolite dans l'art peint bien le caractère de M. Schœlcher, cet esprit d'élite, pour qui les douleurs et le génie humains n'ont pas de patrie, et dont la sollicitude s'est étendue dans tous les pays où il y avait une injustice à effacer, ou un chef-d'œuvre à collectionner !

« Monsieur le Gouverneur,

« Chaque fois qu'il se présente une cérémonie à présider

dans notre ville, une œuvre de charité ou de reconnaissance publique à patronner et à encourager, vous vous empressez de vous rendre parmi nous.

« Nous vous en remercions.

« La présence du Chef respecté de la colonie est vivement appréciée par notre population ; elle est un encouragement pour nos efforts, et elle donne à nos entreprises une impulsion et un éclat qui en assurent le succès. Vous avez tenu, cette fois encore, à rehausser de votre autorité cette fête ; les habitants de la Pointe-à-Pitre qui, en toutes choses, ne suivent que les battements de leur cœur, apprécient hautement et le principe que vous représentez et les sentiments de bienveillante sollicitude que vous ne cessez de témoigner, depuis votre arrivée, à ce pays si éprouvé. Ils savent que, vous aussi, vous êtes un ami du travail fécond, de la concorde et du progrès ; et, en se souvenant plus tard de l'inauguration de ce monument, ils associeront votre nom à tous ceux qui sont déjà acclamés dans le pays, à celui du vénérable Victor Schœlcher. »

Ces discours terminés, le Chef de la colonie se retire et est reconduit à son hôtel par son cortége qui défile au milieu d'une foule bienveillante qui mêle, dans ses acclamations, la République, le nom de Schœlcher et celui du Gouverneur.

Le soir, un banquet, par souscription, réunissait, à l'Hôtel-de-Ville, dans la grande salle des délibérations, une quantité considérable de convives pour fêter le 83ᵉ anniversaire de Victor Schœlcher. Le Chef de la colonie, à qui la présidence avait été offerte, a assisté avec M. le Directeur de l'intérieur à cette fête de reconnaissance, et a ouvert, par un discours très applaudi, la série des toasts portés à la santé du grand Républicain de 1848, dont le souvenir sera impérissable dans les colonies françaises.

A la Basse-Terre, le banquet présidé par M. Silvie, le sympathique maire du chef-lieu, a eu également beaucoup d'éclat.

Nous apprenons qu'au Moule et à Saint-François, les populations ont rivalisé avec celles de la Basse-Terre et de la Pointe-à-Pitre, pour rendre au vénéré Schœlcher le tribut de respectueuse reconnaissance qui lui est dû, pour un dévouement si persévérant à la cause coloniale.

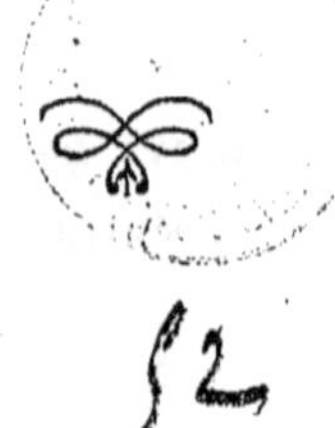

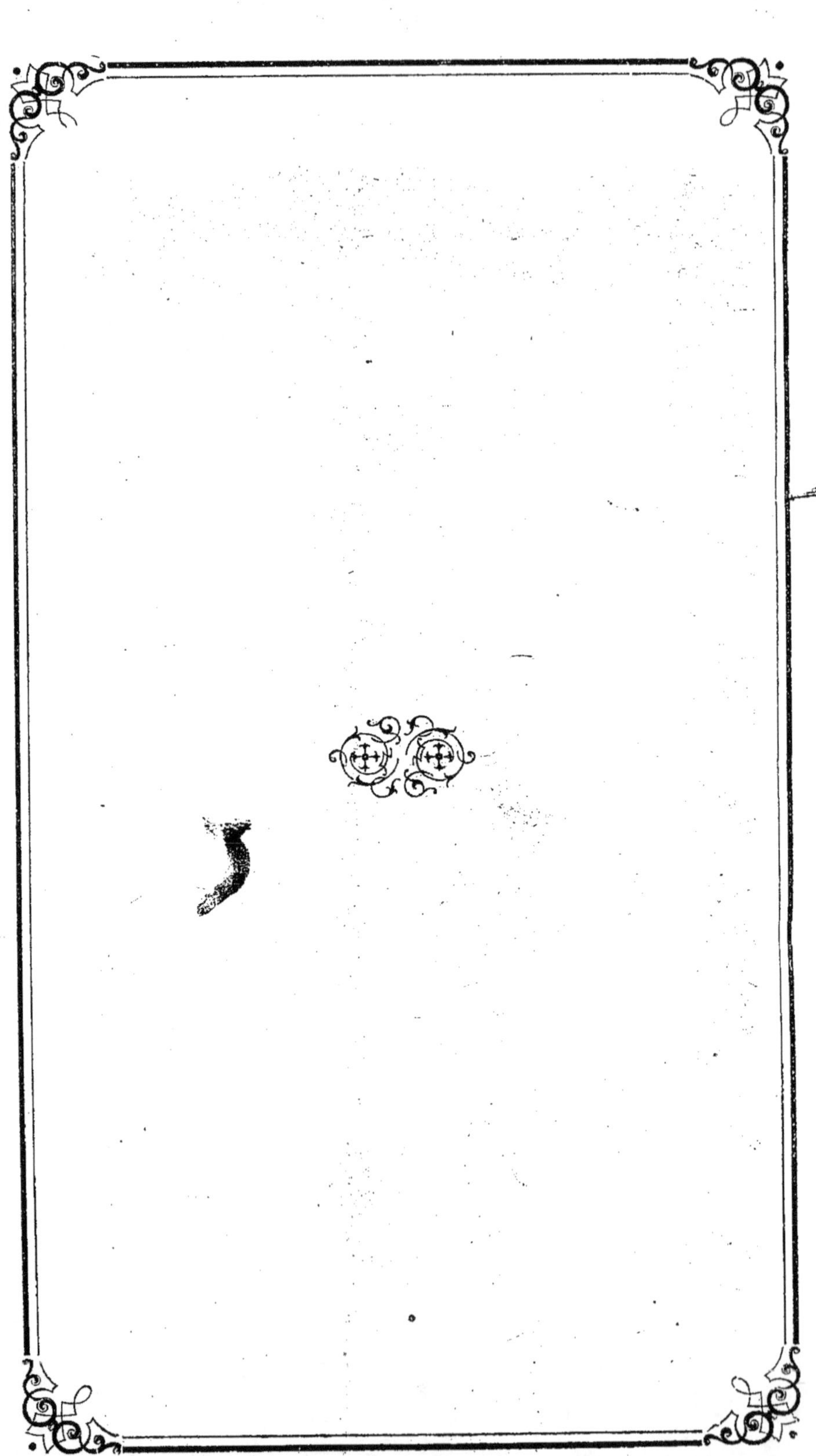